This book belongs to

....

....

....

....

....

....

DATE:

DATE:

DATE:

DATE:

DATE:

DATE:

DATE:

DATE:

DATE:

DATE:

DATE:

DATE:

DATE:

DATE:

DATE:

DATE:

DATE:

DATE:

DATE:

DATE:

DATE:

DATE:

DATE:

DATE:

DATE:

DATE:

DATE:

DATE:

DATE:

DATE:

DATE:

DATE:

DATE:

DATE:

DATE:

DATE:

DATE:

DATE:

DATE:

DATE:

DATE:

DATE:

DATE:

DATE:

DATE:

DATE:

DATE:

DATE:

DATE:

DATE:

DATE:

DATE:

DATE:

DATE:

DATE:

DATE:

DATE:

DATE:

DATE:

DATE:

DATE:

DATE:

DATE:

DATE:

DATE:

DATE:

DATE:

DATE:

DATE:

DATE:

DATE:

DATE:

DATE:

DATE:

DATE:

DATE:

DATE:

DATE:

DATE:

DATE:

DATE:

DATE:

DATE:

DATE:

DATE:

DATE:

DATE:

DATE:

DATE:

DATE:

DATE:

DATE:

DATE:

DATE:

DATE:

DATE:

DATE:

DATE:

DATE: